Aus der Serie

Besser Leben

Band 3

Der Weg
zum Traumjob

KD Witzel

Der Weg zum Traumjob:

9-Stufen-Modell für mehr Geld und

die bessere Position

INHALTSVERZEICHNIS

Einleitung

Der Weg zum Traumjob kann sehr steinig sein und bleibt allzu oft unbegangen. Dabei kann jeder, der zielstrebig genug ist, seinen Traumjob finden und deutlich mehr Geld verdienen, als dies bislang möglich schien. Selbst wenn Sie bereits in Ihrem Traumjob arbeiten, geht es immer eine Stufe höher. Eine bessere Position können Sie in jedem Job erreichen.

Die meisten Menschen gehen tagtäglich ihrer Arbeit nach, ohne noch darüber nachzudenken, was sie einmal für Träume und Ziele hatten. Andere träumen einfach weiter, ohne jedoch die notwendigen Schritte zur Erfüllung ihrer Wünsche zu unternehmen. Nur ein verschwindend geringer Teil der Menschen träumt nicht nur weiter, sondern wird auch aktiv und setzt alles daran, seine Ziele zu erreichen.

Das Schönste ist, dass jeder seinen Traumjob ausüben kann - das Schlimmste ist, dass so vielen Menschen der Mut dazu fehlt. Dabei kann es in den meisten Fällen durchaus nicht schlimmer werden, als es ohnehin schon empfunden wird. Und das ist auch der springende Punkt! Um Ihren Traumjob oder eine bessere Position zu erreichen, müssen Sie aktiv werden. Niemand wird an Ihre Tür klopfen und Ihnen alles auf dem Silbertablett servieren. Sie selbst sind verantwortlich für alles, was Sie im Leben erreichen.

Wenn Sie ein Ziel haben, ist der Anfang schon geschafft, denn Sie benötigen für jeden Erfolg im Leben ein klar umrissenes Ziel. Nur wenn Sie wissen, wo Sie eines Tages sein wollen, können Sie auch alle Kräfte mobilisieren, dorthin zu gelangen. So weiß jeder Personalchef Mitarbeiter mit klaren Zielen sehr zu schätzen und Selbständige sind dann am erfolgreichsten, wenn Sie eine klare Vision vor sich haben.

Nutzen Sie die Chancen, die sich Ihnen bieten. Mit dem 9-Stufen-Modell gelingt es auch Ihnen, Ihren Traumjob oder eine bessere Position zu bekommen. Sie werden merken, dass sich die Tipps aus diesem Buch auf alle Bereiche Ihres Lebens positiv auswirken werden. Das einzige, was sie dazu tun müssen, ist: Handeln!

1. Analyse

Der erste Schritt zum Traumjob besteht in einer umfangreichen Analyse. Eigentlich handelt es sich dabei um zwei Analysen - die Zielanalyse und die Potenzialanalyse. Diese beiden Analysen sind immens wichtig für den künftigen Erfolg und sollten regelmäßig wiederholt werden. Der Mensch ändert sich und mit ihm ändern sich Ziele und Wünsche. Besonders, wenn ein Ziel bereits erreicht wurde, sollten Sie sich schnellstmöglich ein neues Ziel setzen. Die Zielanalyse hilft Ihnen dabei. Beantworten Sie alle Fragen so spontan wie möglich und lassen Sie Fragen, zu den Ihnen keine Antwort einfällt, erst einmal offen.

Die Zielanalyse - Teil 1

Was sind Ihre Herzenswünsche? Was wollen Sie unbedingt erreichen, haben oder erleben?

Was würden Sie sich vornehmen, wenn Zeit und Geld unerheblich wären?

Was würden Sie bereuen, wenn Sie es nicht tun würden? Was bereuen Sie schon, weil Sie es nicht getan haben?

Woran haben Sie Spaß? Welche Dinge oder Taten bereiten Ihnen Freude?

Kennen Sie noch Ihre Kinderträume? Schreiben Sie sie auf!

Welche konkreten Ziele können Sie aus der Beantwortung der oben stehenden Fragen bereits ableiten?

Sollten Sie nun bereits einige Ziele formuliert haben, müssen diese umgesetzt werden. Dies gelingt mit dem 2. Teil der Zielanalyse. Bitte beantworten Sie die Fragen für jedes Ziel eigenständig!

Die Zielanalyse - Teil 2

Innerhalb welchen realistischen Zeitraumes könnten Sie Ihr Ziel umgesetzt haben?

Welches Wissen, welche Ressourcen und welche Fertigkeiten benötigen Sie zur Umsetzung Ihres Ziels?

Woher bekommen Sie das Wissen oder die Ressourcen, die Ihnen noch fehlen? Wo können Sie die nötigen Fertigkeiten erlernen?

Setzen Sie sich realistische Zwischenziele und benennen

Sie einen konkreten, aber realistischen Zeitpunkt, zu dem Sie diese erreicht haben wollen.

Welche Motivationen helfen Ihnen bei der Erreichung Ihres Ziels?
Machen Sie sich einen Notfallplan. Falls Sie Ihr Ziel nicht zum gewünschten Zeitpunkt erreichen oder wenn die Motivation nachlässt, benötigen Sie ihn zum Weitermachen.

Sehr wichtig ist die Motivation. Sie allein wissen, welches Motiv Ihnen am wichtigsten ist. Dabei spielt es keine Rolle, ob es sich dabei um mehr Geld, mehr Wissen oder um mehr Anerkennung handelt.

Manchmal sind Ziele nicht im Alleingang zu erreichen. Dann hilft die Zielanalyse Teil 3.

Die Zielanalyse - Teil 3

Welches Ziel oder welches Teilziel möchten Sie mit Hilfe von anderen Personen umsetzen?

Wie viele Personen sind für die Erreichung Ihrer Ziele notwendig?

Wie können Sie andere Personen von Ihrem Ziel begeistern?

Über welches Wissen, welche Ressourcen und welche Fertigkeiten müssen diese Personen verfügen?

Kennen Sie Personen, die das notwendige Know-how haben?

Wie finden Sie Personen, die über das notwendige Know-how verfügen und wie bringen Sie sie dazu, Ihnen bei der Umsetzung Ihrer Ziele zu helfen?

In welchem realistischen Zeitrahmen sollen Ihre Ziele gemeinsam mit den anderen Personen verwirklicht werden?

Welche Schritte sind notwendig, um gemeinsam Ihr Ziel zu erreichen?

Ziele, bei denen andere Personen viel zum Gelingen beitragen können, sind für manch einen eine fast unüberwindbare Hürde. Insbesondere dann, wenn die notwendigen Personen noch gar nicht bekannt sind, tun sich viele Menschen schwer, einen Kontakt herzustellen. Zu oft werden Ziele einfach im Inneren verschlossen und erst dann erwähnt, wenn Sie erreicht worden sind - also ein Erfolg erzielt wurde. Lösen Sie sich von der Vorstellung, eigene Ziele müssten auch allein erreicht werden.

Gerade im Geschäftsleben sind kompetente Berater und Mitstreiter wichtig und sinnvoll.

Wenn Sie Ihre Ziele kennen, sollten Sie sich mit der Potenzialanalyse beschäftigen. Diese ist sowohl bei Vorstellungsgesprächen als auch für Sie selbst fast unersetzlich. Mit der Potenzialanalyse ermitteln Sie nämlich indirekt Ihren Wert. Und wenn Sie den kennen, kann Sie das enorm voranbringen. Bitte beachten Sie jedoch, dass die folgenden Fragen lediglich auf die wichtigsten Kompetenzbereiche abzielen.

Innerhalb einzelner Kompetenzbereiche sind viele weitere Fragen verborgen. Nicht umsonst gibt es zu jedem einzelnen Bereich seitenlange Fragebögen. Haben Sie die nachfolgenden fünf Fragen beantwortet, können Sie bei Bedarf zu jedem Bereich eigene, mögliche Fragen formulieren und beantworten. Auch das bringt Sie einen ordentlichen Schritt nach vorn. Bitte beachten Sie: Antworten Sie schriftlich, ausführlich und ehrlich!

Potenzialanalyse

Methodenkompetenz: Erfassen Sie betriebliche Zusammenhänge, erkennen Defizite und können Lösungsvorschläge anbieten?

Sozialkompetenz: Wie teamfähig sind Sie? Arbeiten Sie gut mit anderen Mitarbeitern zusammen?

Fachkompetenz: Fällt es Ihnen leicht, erlerntes Wissen lösungsorientiert einzusetzen?

Reflexionskompetenz: Können Sie Ihr Handeln in den verschiedensten Situationen kritisch und ehrlich ergründen und bewerten?

Veränderungskompetenz: Reagieren Sie flexibel auf Veränderungen in Ihrem Umfeld? Sind Sie bereit für lebenslanges Lernen?

Sobald Sie die beiden Analysen vorgenommen haben, sollten Sie die Erkenntnisse noch einmal schriftlich zusammenfassen. Lesen Sie sie des Öfteren durch, machen Sie die Analyse alle halbe Jahre noch einmal und notieren Sie Veränderungen. Sofern Sie sich einen Ordner für die Analysen angelegt haben, dient er Ihrer Motivation. Sie können ihn bei Bedarf durchblättern, Ihre Antworten lesen und sich so Ihre Ziele wieder klar vor Augen führen. Auch Änderungen lassen sich auf diese Art leicht vornehmen. Ihr Erfolgsordner wird im Laufe der Zeit ein sehr wertvoller Begleiter sein.

2. Selbstbewusstsein / Verantwortung

Kaum etwas ist so wichtig für das Erreichen von Zielen wie Selbstbewusstsein und (Eigen-)Verantwortung. Sie müssen sich selbst bewusst sein, dass Sie Ihr Ziel erreichen werden und vor allem Eigenverantwortung übernehmen. Niemand wird Ihnen die, manchmal schwere, Arbeit abnehmen, die letztendlich den Erfolg bringt. Um genügend Selbstvertrauen zu entwickeln, können Sie Ratgeber lesen, Kurse besuchen oder ganz einfach mit Freunden, Familien und Arbeitskollegen Ihren Wert ermitteln. Denn nur wenn Sie wissen, welche Fertigkeiten und Kenntnisse Sie haben, werden Sie sich des eigenen Wertes bewusst sein. Die Gründe für mangelndes Selbstbewusstsein sind sehr vielfältig. Daher müssen Sie zunächst einmal herausfinden, warum Sie zu wenig Selbstvertrauen haben. Vielleicht haben Sie aber auch ein recht gut entwickeltes Selbstbewusstsein, sind jedoch in einigen wenigen Bereichen eher unsicher.

Am häufigsten sind Kindheitserfahrungen die Ursache für mangelndes Selbstvertrauen. Sätze wie: „Das schaffst

du sowieso nicht" oder „Was soll bloß aus dir werden?"
enthalten Botschaften, die langfristig große Schäden
anrichten können. Bei einigen hat sich diese Botschaft so
stark manifestiert, dass sie unbewusst glauben, nichts
wert zu sein oder nie etwas wirklich schaffen zu können.
Leider verhalten wir Menschen uns dann auch
entsprechend, auch wenn wir uns gar nicht darüber
bewusst sind, dass das Unterbewusstsein dies
verursacht. Hier ist der erste Weg zur Selbsthilfe, diese
Blockaden aufzulösen. Sprechen Sie also bewusst und
möglichst laut und formulieren Sie positiv!

„Ich schaffe alles, was ich mir vornehme"
„Ich habe einen hohen Wert für meine Firma"
„Ich kann jedes realistische Ziel erreichen."

Und so weiter.

Beantworten Sie auch die folgenden Fragen, um
eventuelle Ursachen herauszufinden. Vielleicht
erscheinen Ihnen die Fragen in erster Linie etwas
ungewöhnlich. Sie haben jedoch durchaus einen Sinn.

An welche Botschaften, die Ihnen in der Kindheit
vermittelt wurden, erinnern Sie sich?
Dies können Botschaften sein, die direkt an Sie gerichtet
wurden, aber auch Botschaften, die Sie nur über sich
selbst gehört haben (Vertrauliches Elterngespräch, etc.).

Haben Sie noch alte Zeugnisse?
Lesen Sie noch einmal die schriftlichen Beurteilungen
Ihrer Lehrer oder erinnern Sie sich an sie.

Wie gingen Eltern, Lehrer und andere Personen mit
Ihren Fehlern um?

Hatten Ihre Eltern oder andere wichtige Personen
Selbstvertrauen?

Sind Sie verlassen worden? Wie sehr litten Sie unter
dem Verlust und wie wurden Sie getröstet?

Gab es Menschen, die Ihnen Kraft gaben und auch mit
Fehlern locker umgegangen sind?

Schauen Sie sich die Antworten genau an und versuchen
Sie herauszufinden, ob Ihre Kindheitserfahrungen etwas
mit dem heutigen, fehlenden Selbstbewusstsein zu tun
haben könnten. Ist dies der Fall, können Sie sich nämlich
bewusst machen, dass Sie heute erwachsen sind und
ganz anders mit sich selbst umgehen können.

Nutzen Sie die Kurzanalyse Ihrer Kindheit, um sich heute selbst kennenzulernen. Wer sind Sie wirklich? Was können Sie wirklich? Ein verzerrtes Selbstbild ist völlig normal. Nicht umsonst finden sich viele Menschen dicker oder unattraktiver, als sie wirklich sind. Kaum jemand wird aber seinem Selbstbild nahe kommen. Im Gegenteil - jeder Mensch hat bestimmte Stärken und Eigenschaften, die ihn für andere Menschen wertvoll machen. Wenn Ihnen selbst keine guten Eigenschaften einfallen, dann fragen Sie doch einfach Ihre Familie, Freunde und Arbeitskollegen, was diese an Ihnen schätzen und mögen. Trauen Sie sich auch, Ihren Vorgesetzten zu fragen, welche Eigenschaften oder Fertigkeiten er an Ihnen schätzt und wo er noch Handlungsbedarf sieht.

So lernen Sie sich selbst mit den Augen von anderen kennen und können ein ganz neues Selbstvertrauen aufbauen.

Achten Sie bewusst darauf, wie Sie mit sich selbst reden! Gehören Sie zu den Menschen, die sich selbst als „Blöde Kuh" oder „Vollidiot" bezeichnen, wenn etwas schief geht? Hören Sie damit auf und ersetzen Sie solche Selbstbeschimpfungen durch positive Sätze wie „Das ist zwar gründlich schief gegangen, aber jetzt klappt es besser". Mittlerweile sollte es Ihnen gelungen sein, Ihre

Stärken und Schwächen herauszufiltern.
Konzentrieren Sie sich ausschließlich auf Ihre Stärken
und vervollkommnen Sie sie. Die meisten Schwächen
können Sie links liegenlassen. Nur, wenn Sie eine
Schwäche wirklich daran hindert, Ihr Ziel zu erreichen,
sollten Sie daran arbeiten, die Schwäche in eine Stärke
umzuwandeln.

Ein sehr wichtiger Punkt, vielleicht der Wichtigste
überhaupt:
Lassen Sie sich niemals respektlos behandeln! Sobald
jemand Sie respektlos behandelt, fordern Sie ruhig und
sachlich den Ihnen zustehenden Respekt ein. Lassen Sie
es nicht zu, dass jemand Sie anders behandelt - Sie sind
es wert, dass man Ihnen mit Respekt begegnet! Dasselbe
gilt übrigens auch im Umgang mit anderen Menschen.
Versuchen Sie, sich eine neue Lebenseinstellung zu
verinnerlichen, die Toleranz anderer Menschen
gegenüber beinhaltet. Machen Sie sich nicht über
andere Personen lustig, verurteilen Sie sie nicht und
denken Sie möglichst nicht schlecht von anderen
Menschen. Der Grundgedanke dahinter ist ganz einfach.
Wenn Sie über andere Menschen lachen, gehen Sie
(oder Ihr Unterbewusstsein) automatisch davon aus,
dass andere auch über Sie lachen. Das verunsichert Sie
und darunter leidet Ihr Selbstbewusstsein.

Gestehen Sie anderen Menschen zu, genauso viel wert zu sein wie Sie. Denken Sie immer daran: Jeder hat Stärken und Schwächen - Konzentrieren wir uns nur auf die Stärken, geht es uns allen besser.

Es ist sicher oft sinnvoll, sich den Rat und die Meinung von anderen zu holen. Machen Sie sich dies aber nicht zur Gewohnheit. Entscheiden Sie möglichst viel allein und fragen Sie nur um Rat, wenn Ihnen die nötigen Kompetenzen fehlen. Dies ist meist der Fall, wenn es um finanzielle Angelegenheiten geht. Wenn Sie es gewohnt sind, selbständige Entscheidungen zu treffen, die vielleicht sogar von der Meinung der anderen abweichen, beweisen Sie ein hohes Maß an Eigenverant-wortung, Selbstsicherheit und Stärke.

Ein weiterer wichtiger Punkt, um Selbstvertrauen aufzubauen und Verantwortung für das eigene Leben zu übernehmen, ist die Kritikfähigkeit. Beziehen Sie Kritik nicht immer auf sich selbst, nehmen Sie Kritik nie persönlich, sondern nutzen Sie sie, um sich zu verbessern.

Vielleicht bemerken Sie auch, dass die Kritik an Ihnen gerade einfach nur deshalb ausgesprochen wird, um Sie zu verletzen. Oft geschieht das aus Neid oder weil der Kritiker einfach einen schlechten Tag hat und sich selbst aufwerten will. In solchen Fällen können Sie die Kritik einfach ignorieren. Sobald Sie kritisiert werden, schlagen Sie nicht sofort zurück! Bedanken Sie sich ruhig für den Hinweis und denken Sie darüber nach. Hat der Kritiker vielleicht Recht oder will er Ihnen einfach nur den Tag verderben? Im ersten Fall können Sie die Kritik annehmen und daran arbeiten, Ihre Schwäche in eine Stärke umzuwandeln. Sie können den Kritiker sogar um Rat bitten, wie Sie die kritisierte Eigenschaft ändern können. Im zweiten Fall müssen Sie nichts weiter tun.

Seien Sie einfach besonders freundlich zu dem Kritiker, denn ihm geht es offenbar nicht besonders gut. Mit Kritik richtig umzugehen, ist sowohl im Privat- als auch im Geschäftsleben von unschätzbarem Wert.

Selbstbewusste Menschen können Nein sagen - können Sie das auch?

Viele Menschen tun sich schwer damit, anderen Personen Wünsche abzuschlagen. Selbst, wenn dadurch sehr viel Zeit für wichtigere Dinge verloren geht, scheuen sie sich, einfach freundlich Nein zu sagen. Das müssen Sie jedoch lernen! Sie sollen ja nicht grundsätzlich alles ablehnen, was an Sie herangetragen wird, aber Sie müssen sich immer folgende Fragen beantworten, bevor Sie zustimmen oder ablehnen:

Habe ich aktuell Zeit dafür?

Bin ich kompetent genug?

Schränkt mich der Wunsch zu sehr ein?

Kann das nicht jemand anders besser machen?

Möchte ich wirklich Ja sagen?

Ihre Ausstrahlung trägt viel zum Gelingen bei. Kennen Sie Menschen, denen alles in den Schoß zu fallen scheint? Beobachten Sie diese Personen und Ihnen wird auffallen, wie viel Kraft in solchen Menschen zu stecken scheint, wie begeistert sie von ihren Zielen und Ideen sind.

Arbeiten auch Sie an Ihrer Ausstrahlung und verändern Sie Ihre Körpersprache in eine positive Körpersprache. Hier lohnt sich sogar ein entsprechender Trainingskurs. Arbeiten Sie auch an Ihrer Sprache, denn Dialekte oder „Gossensprüche" kommen nie gut an. Lernen Sie, deutlich zu sprechen und die richtige Lautstärke, Betonung und Wortwahl einzusetzen. Dabei hilft ein Rhetorikkurs enorm. Stellen Sie sich auch vor einen Spiegel und beurteilen Sie ganz ehrlich Ihre aktuelle Frisur, Ihre Art, sich zu kleiden und den allgemeinen

Eindruck, den Sie vermitteln. Lassen Sie sich beraten, ob eine andere Frisur und Haarfarbe, ein neues Brillenmodell und ein anderer Kleidungsstil Ihnen vielleicht besser stehen. Ein Trick von Menschen, die gerne mehr Geld hätten ist, sich so zu kleiden und zu bewegen, als hätten Sie bereits welches. Wer sich reich fühlt, wird auch alles dafür tun, tatsächlich reich zu werden.

Ein früherer Geheimtipp, den man heutzutage in jedem Ratgeberbuch findet: Führen Sie ein Erfolgsbuch. Legen Sie sich zum Beispiel einen Ordner an, indem Ihre Ziele, die Schritte zum Erreichen der Ziele, vielleicht sogar Fotos gesammelt werden und notieren Sie auch die kleinsten Erfolge. Blättern Sie immer wieder in diesem Buch und Sie erhalten neue Motivation, Kraft und Ausdauer. Und das ist enorm wichtig, wenn Sie in Ihrem Traumjob arbeiten wollen oder eine bessere Position bekleiden möchten!

3. Online-Reputation

Die Online-Reputation gewinnt immer mehr an
Bedeutung in Beruf und Karriere. Um Ihre Ziele zu
erreichen, notwendige Kontakte zu knüpfen und eine
deutlich positive Repräsentation Ihrer selbst zu
erreichen, sollten Sie mit dem Aufbau der Online-
Reputation beginnen. Dabei bezeichnet die Online-
Reputation den Ruf, den Sie sich im Netz weltweit
erwerben. Umso wichtiger ist ein ganz gezielter Aufbau,
der Sie weit nach vorne bringen kann. Nicht umsonst
nutzen immer mehr Unternehmen die Online-
Reputation für Ihre Anliegen.

Als erstes sollten Sie sich eine Domain mit Ihrem eigenen
Namen registrieren. Ist Ihr Name schon vergeben, fügen
Sie Ihre Berufsbezeichnung oder zumindest Teile davon
ein (Beispiel: www.maxmüller-tierarzt.de oder
www.sabineschulz-informatikstudentin.de). Diese
Internetpräsenz nutzen Sie, um sich und Ihre
Fertigkeiten vorzustellen, Ihre Stärken zu bewerben und
Ihre klar umrissenen Ziele zu formulieren. Die Seite
sollte auch einen professionellen Lebenslauf,

Erfahrungen und Berichte über Weiterbildungen,
zusätzlich gesammelte Erfahrungen, etc. beinhalten.
Erstellen Sie zusätzlich einen Blog unter ihrem richtigen

Namen und bloggen Sie regelmäßig über neue berufliche Erfahrungen, Schulungen, Seminare - eben alles, was mit Ihren beruflichen Tätigkeiten oder Ihrer Zielsetzung zu tun hat.

Verfassen Sie jedoch grundsätzlich keine privaten Beiträge wie über Partys, Computerspiele oder Reisen - das behindert Sie nur bei der Verwirklichung Ihrer Träume!

Sind die Vorarbeiten abgeschlossen, melden Sie sich, sofern noch nicht geschehen, in Social-Network-Portalen an. Sind Sie dort bereits Mitglied, dann säubern Sie Ihre Informationen von jeglichen privaten Anmerkungen! Bitten Sie auch Ihre Freunde, Bilder von allzu wilden Partys oder ähnliche, berufsschädigende Fotos aus ihren Alben zu nehmen. Treten Sie aus allen Gruppen aus, die sich nur mit den neuesten Kinofilmen oder Killerspielen beschäftigen beziehungsweise treten Sie dort erst gar nicht bei! Wählen Sie gezielt Gruppen, die zu Ihrem Ziel oder Ihrem Beruf passen. Auch Gruppen, die sich mit weiterführenden Themen beschäftigen, sind eine gute Wahl. Bedenken Sie immer: Je professioneller Sie wirken, umso mehr Erfolg haben Sie in Beruf und Karriere!

Wenn Sie die Online-Reputation begonnen haben, muss diese auch konsequent aufgebaut werden. Sie allein sind verantwortlich für Ihren Ruf im Internet! Zwar können Sie Negativbeiträge über sich selbst nicht verhindern, Sie können aber dagegen vorgehen und das sollten Sie auch tun. Nutzen Sie also einmal in der Woche die Suchmaschinen, um die Einträge zu Ihrem Namen herauszufinden. Google allein reicht da jedoch nicht aus, nutzen Sie auch Dienste wie yasni.de. Nur wenn Sie Ihre Spuren im Netz verfolgen, können Sie Ihren guten Ruf erhalten. Es gibt auch gute, zum Teil kostenlose Dienste, die Ihnen die Suche und die Entfernung unerwünschter Beiträge und Fotos abnehmen. Möchten Sie jedoch selbst tätig werden, halten Sie sich an folgende Punkte:

Geben Sie zunächst den Namen (vollständig) und eventuell auch Ihren Wohnort in das Suchfeld der gewählten Suchmaschine ein.

Klicken Sie nach der Anzeige der Ergebnisse auf all jene, die Ihnen neu sind.

Besuchen Sie die entsprechende Website und bewerten Sie, ob Ihre Darstellung dort positiv oder negativ ist.

Ist die Darstellung negativ, bitten Sie den Webmaster um die Löschung aller relevanten Einträge. Sollte der

Webmaster Ihrem Wunsch nicht nachkommen, können Sie professionelle Dienstleister beauftragen, Ihnen bei der Entfernung unerwünschter Einträge zu helfen.

Suchen Sie nach Fotos und Videos, die von Ihnen im Netz stehen und Ihrem Ruf eventuell schaden.

Im schlimmsten Fall, zum Beispiel dann, wenn ein Webmaster sich weigert, rufschädigende Einträge von Ihnen von seiner Seite zu entfernen, wenden Sie sich an einen Anwalt, der Ihnen hierbei helfen kann.

Immer mehr Unternehmen beschäftigen Angestellte, die kaum etwas anderes tun, als nach Mitarbeitern oder zukünftigen Kandidaten im Internet zu suchen und deren Eignung für das eigene Unternehmen zu bewerten. Daher ist es wirklich erheblich, dass Sie sich so professionell und positiv präsentieren, wie möglich. Nutzen Sie Dienstleister, die für Sie Ihre vollständige Online-Reputation überwachen und bei Bedarf unerwünschte Einträge entfernen. Der monatliche Betrag für diese Dienstleistung ist für Ihren guten Ruf wirklich gering. Um einem schlechten Ruf dauerhaft zu entgehen, sollten Sie aktiv an Ihrer persönlichen Darstellung arbeiten und anderen keine Chance lassen!

Zu einer professionellen Online-Reputation gehört es
auch, Kontakte zu knüpfen, Referenzen zu sammeln und
ein sinnvolles Netzwerk aufzubauen. Sie müssen nicht
das größte Netzwerk von allen haben - Sie müssen nur
die wertvollsten Kontakte vereinen! Bevorzugen Sie
einen Mix aus Kontaktpersonen, die mit Ihrem Beruf zu
tun haben und solchen, die etwas ganz anderen, aber
ebenso wertvolles tun!

Versuchen Sie, Personen in ihren Kontakten
aufzunehmen, die Ihnen bei der Erlangung neuer
Fertigkeiten nützen können. Für einen guten Ruf im Netz
müssen Sie, wie in jedem Bereich Ihres Lebens, aktiv
werden und bleiben. Bringen Sie sich ins Gespräch und
stellen Sie sich so dar, wie Sie es wollen, aber bleiben Sie
ehrlich und fair. Vermeiden Sie alles, was privat ist.
Denken Sie immer daran: Ihr zukünftiger Chef wird auch
einen Blick auf Ihre Darstellung werfen!

4. Aus- und Weiterbildung

Für Ihr Fortkommen und die Erreichung Ihrer Ziele sind
Fort-, Weiter- und Ausbildungen äußerst wichtig. Selbst
wenn Sie zunächst einen ungeliebten Beruf gelernt
haben, sollten Sie sich nicht selbst aufgeben.
Sie können immer noch erreichen, was Sie wollen. Alles,
was Sie dafür tun müssen, ist eine Analyse. Falls Sie noch
nicht herausgefunden haben, welchen beruflichen Weg
Sie einschlagen wollen, dann beantworten Sie folgende
Fragen schriftlich:

Welche Hobbys haben Sie?

Wobei sind Sie am erfolgreichsten?

Was macht Ihnen am meisten Spaß?

Haben Sie einen konkreten Berufswunsch?

Wollen Sie angestellt, selbständig oder freiberuflich
arbeiten?

Wie viel Geld möchten Sie verdienen?

Welche Talente, Qualitäten und Fertigkeiten haben Sie?

Welche Talente, Qualitäten und Fertigkeiten fehlen Ihnen?

Wenn Sie diese Fragen beantwortet haben, können Sie sich ein berufliches Ziel setzen. Ihr Traumjob oder einfach eine bessere Position erreichen Sie, wenn Sie sich konkrete Ziele setzen und diese auch umsetzen.

Erstellen Sie eine Liste, welche Fort- oder Weiterbildungen Ihnen nützlich sein könnten und gehen Sie gezielt vor! Fragen Sie auch Ihren Chef, ob er Ihnen eine Weiterbildung empfehlen kann. Nicht selten werden die Kosten oder zumindest Teile davon durch das Unternehmen getragen. Je mehr Fertigkeiten sie haben, umso wichtiger wird Ihre berufliche Arbeitskraft. Nutzen Sie die Möglichkeit, ein Fernstudium zu machen, Volkshochschulkurse zu besuchen oder ein Sabbatjahr zu nehmen. Sie müssen bereits für lebenslanges Lernen sein, wenn Sie Erfolg haben wollen. Ganz wichtig: Muten Sie sich nicht zu viel zu - tun Sie nur das, was Sie wirklich schaffen können. Das dann aber mit voller Kraft!

5. Jobsuche

Möglichkeiten, einen Job zu finden, gibt es Unzählige. Vielleicht haben Sie aber auch schon einen Job und wollen sich nur verbessern? Sie müssen nur wissen, welche Art Job Sie suchen. Ihr Traumjob wartet auf Sie - Sie müssen nur aktiv werden. Folgende Arten der Jobsuche gibt es:

- Stellenanzeigen

- Arbeitsamt

- Private Arbeitsvermittlung

- Personalberatungen

- Outplacement-Beratung

- Zeitarbeitsfirmen

- Stellenausschreibungen im Internet

- Initiativ-Bewerbungen

Wenn Sie Ihren Traumjob suchen, verrät Ihnen meist schon die Stellenbeschreibung, welche Qualitäten Sie

haben müssen, um überhaupt eine Chance zu haben.
Fehlen Ihnen entsprechende Fertigkeiten, müssen Sie
diese erst erlernen. Das kann manchmal in anderen Jobs
der Fall sein.

Besonders, wenn Sie arbeitslos sind, ist die Wahl eines
Jobs, der Ihnen eine fehlende Fähigkeit vermitteln kann,
doppelt wertvoll. Zum einen beenden Sie Ihre
Arbeitslosigkeit und verdienen eigenes Geld und zum
anderen erlernen Sie dadurch eine Fertigkeit, die Sie
Ihrem Traumjob oder einer besseren Position näher
bringt. Ein weiterer Vorteil ist der, dass Sie keinen Druck
haben, den Arbeitsplatz zu behalten. Sie selbst
entscheiden, wann Sie die gewünschte Fähigkeit erlangt
haben und können sich dann nach einem neuen Job
umsehen. Vielleicht reicht diese eine Fertigkeit ja auch
schon, um Ihren Traumjob zu bekommen?

Viele Firmen nutzen zur Auswahl der richtigen
Mitarbeiter das sogenannte Assessment Center (AC). Ziel
des ACs ist, dass Sie und andere Mitarbeiter sich bei der
Lösung der unterschiedlichsten Probleme behaupten
müssen. Im AC werden ihre Kompetenzen ermittelt,
indem eine Prüfungssituation der ganz besonderen Art
dargestellt wird. Ihre Belastungsfähigkeit ist ebenso
Bestandteil der Prüfung wie die Bewertung Ihres

Selbstbewusstseins. Sollten Sie zu einer AC-Prüfung eingeladen werden, empfiehlt sich die Teilnahme an einem entsprechenden Coaching.

Das Assessment Center beinhaltet für gewöhnlich folgende Prüfungen:

1. Stresskompetenz

2. Interview

3. Gruppendiskussion

4. Rollenspiele

5. Aufgaben zu Präsentationszwecken

6. Fragebögen ausfüllen

7. Intelligenztests

Nach dem AC, das mehrere Tage umfassen kann, erfolgt die Auswertung und ein Abschlussgespräch. Weitere Aufgaben sind je nach Firma ebenfalls möglich, so dass die Vorbereitung sehr umfassend gehalten werden sollte. Nehmen Sie auch an einem Kurs teil, der Ihnen zeigt, wie Sie sich korrekt bei Essenseinladungen verhalten. Gerade mehrtägige ACs beinhalten eine solche. Dabei wird genau darauf geachtet, ob Sie Arbeitsessen souverän meistern können.

Grundsätzlich ist die Jobsuche das einfachste Zwischenziel zur Erlangung Ihres Traumjobs. Sobald Sie wissen, was Sie wirklich wollen und alle nötigen Zwischenziele erreicht haben, ist die Jobsuche kein Problem mehr.

6. Bewerbung

Eine echte Herausforderung ist die Bewerbung. Heute greifen viele Menschen auf die Hilfe professioneller Texter zurück, um ihre Chancen zu vergrößern. Längst ist jedem bekannt, dass immer gleich klingende Bewerbungen nicht erwünscht sind. Es gibt sogar Menschen, die sich auf für sie unattraktive Stellenangebote absichtlich so bewerben, dass eine Ablehnung vorprogrammiert ist. Da Sie jedoch Ihren Traumjob haben wollen, sollten Sie besonders viel Wert auf eine gute Bewerbung legen. Daher erhalten Sie nun eine umfassende Anleitung, mit der Sie eine perfekte Bewerbung verfassen können.

Vor der Bewerbung gibt es noch einige Punkte zu beachten. So haben Sie mit der Potenzialanalyse bereits wichtige Einblicke in Ihre aktuelle Situation und Ihre Qualitäten erlangt. Es gibt jedoch weit mehr

Möglichkeiten, Ihre Bewerbung professionell und sicher zu gestalten und bei Bewerbungsgesprächen zu punkten. Ordnen Sie zunächst Ihre Gedanken, indem Sie folgende Fragen schriftlich beantworten. Bestimmt treffen nicht alle Fragen auf Ihre derzeitige Situation zu. Benutzen Sie bei nicht zutreffenden Fragen Ihre Phantasie. Das schult Sie optimal für später eintreffende Ereignisse.

1. Aus welchem Grund wurde Ihnen gekündigt? (Konkurs, mangelnde Qualifikation, etc.)

2. Weshalb möchten Sie Ihren Arbeitsplatz wechseln?

3. Haben Sie Weiter- oder Fortbildungen gemacht?

4. Sind Sie, was Ihre Branche betrifft, stets auf dem neuesten Stand?

5. Kennen Sie die Firma, in der Sie sich bewerben?

6. Sind Sie qualifiziert genug für die neuen Aufgaben?

Diese Fragen offenbaren, wie gut Sie in ihrem Bereich Bescheid wissen. Das ist für künftige Chefs sehr wichtig. Stellen Sie fest, dass Sie nicht mehr auf dem neuesten Stand sind, müssen Sie dringend dafür sorgen, den aktuellen Stand zu erreichen. Dies ist durch

Fortbildungen möglich. Manchmal reicht auch schon ein entsprechendes Fachbuch aus. Auch Bibliotheken oder ausgiebige Recherchen im Internet können Sie voranbringen. Wichtig ist, dass Sie im Vorstellungsgespräch alle relevanten Informationen über das Unternehmen, in dem Sie sich vorstellen, parat haben und das aktuellste Wissen in Ihrem neuen Job vorweisen können. Auf diese Weise steigen Ihre Chancen, da Sie bereits beim Verfassen der Bewerbung, aber auch in einem späteren Bewerbungsgespräch, zeigen, dass Sie sich mit der Firma und Ihrer Branche auseinandergesetzt haben - also wirklich interessiert sind.

Bewerbungsunterlagen

Eine Bewerbung besteht nicht nur aus einem Anschreiben und einem Lebenslauf. Ein ansprechendes Foto, Zertifikate, Zeugnisse und Weiterbildungs-bescheinigungen sind ebenfalls wichtige Bestandteile einer erfolgversprechenden Bewerbung. Hier gilt es, gewisse Regeln zu beachten.

Das Bewerbungsfoto

Nutzen Sie die Dienste eines professionellen Fotografen. Nur dann ist sichergestellt, dass Sie ins rechte Licht gerückt werden. Das Bewerbungsfoto sollte mindestens 5 x 7 cm groß sein, darf jedoch auch größer werden. Frauen sollten sich nicht zu stark schminken, sondern auf ein dezentes Make-up setzen. Ein Friseurbesuch kann ebenfalls angebracht sein. Wählen Sie für das Business taugliche Oberbekleidung aus. Bei Frauen ist eine Bluse die richtige Entscheidung, Männer sollten ruhig zu Anzug und Krawatte greifen.

Schulzeugnisse

Legen Sie Ihrer Bewerbung Ihre Schulzeugnisse nur dann bei, wenn Sie jünger als 35 Jahre sind. Sind Sie älter als 35, zählt Ihre berufliche Erfahrung deutlich mehr. Reichen Sie die Zeugnisse jedoch nicht im Original ein, sondern verwenden Sie saubere Kopien. Beachten Sie, dass auch die Zeugnisse Ihrer Berufsausbildungszeit sowie Hochschulzeugnisse zu den Schulzeugnissen gehören. Legen Sie Ihr Hochschulzeugnis in jedem Fall bei, wenn es sehr gut ausgefallen ist.

Arbeitszeugnisse

Arbeitszeugnisse müssen vollständig in Kopie beigelegt werden. Sie dürfen jedoch nicht älter als 10 Jahre sein. Arbeitszeugnisse, die älter als 10 Jahre sind, sollten Sie nur beilegen, wenn diese besonders herausragende Leistungen bescheinigen.

Zertifikate

Fort- und Weiterbildungen sind Ihre große Chance. Legen Sie daher alle entsprechenden Bescheinigungen und Zertifikate in Ihre Bewerbungsmappe. Dazu gehören auch Zertifikate von Fernschulen. Alle Dokumente, die Ihrer Bewerbung beiliegen, müssen Sie durch eine Erwähnung im Lebenslauf bestätigen.

Das Anschreiben

Das Anschreiben ist für gewöhnlich das Erste, was ein Personalchef von Ihnen zu Gesicht bekommt. Hier entscheidet sich nun, ob er sich auch Ihre restlichen Bewerbungsunterlagen ansehen wird. Ein Tipp, der sich bewährt hat, ist: Betrachten Sie Ihre Bewerbung als einen gewöhnlichen geschäftlichen Vorgang. Treten Sie daher nicht als Bittsteller auf, sondern als eine Person, die dem Unternehmen etwas zu bieten hat!

Schaffen Sie also eine Win-Win-Situation. Sie lösen ein oder mehrere Probleme des Unternehmens wie zum Beispiel den Personalmangel oder den Fachkräftemangel und das Unternehmen löst Ihr Problem der Arbeitsplatzsuche.

Wer sich auf seinen Traumjob bewirbt, wird kaum den Fehler machen, eine optisch nicht akzeptable Bewerbung zu verschicken. So mancher hat jedoch Probleme mit der korrekten Rechtschreibung oder Grammatik. In einem solchen Fall ist es sinnvoll, die fertige Bewerbung lektorieren zu lassen oder gleich einen professionellen Texter zu beauftragen.

Verfassen Sie Ihr Bewerbungsschreiben so, dass der Personalchef neugierig auf Sie wird. Er muss den Wunsch verspüren, sie persönlich kennenzulernen. Gehen Sie dafür auf alle in der Stellenausschreibung geforderten Kriterien ein. Erwähnen Sie zusätzlich eine Qualifizierung, die zwar in der Ausschreibung nicht erwähnt wurde, die der Firma jedoch großen Nutzen einbringen kann. Recherchieren Sie bei Bedarf, um welche Qualifikation es sich dabei handeln könnte.

Sehr wichtig: Halten Sie sich an die Tatsachen, übertreiben Sie nicht und überschätzen Sie sich nicht selbst.

Was sollte ein Anschreiben idealerweise enthalten?

Einen Bezug auf die Anzeige, Ausschreibung, das Gespräch, etc. Mindestens drei, maximal fünf Gründe, warum Sie der perfekte Mitarbeiter sind.
Was unterscheidet Sie von Ihren Mitbewerbern?
Welche Qualitäten haben Sie zu bieten?

Den möglichen Eintrittstermin und, sofern gefordert, die Gehaltsvorstellung.

Die Schlussformel - Verwenden Sie niemals Satzpassagen, die Unsicherheit oder mangelndes Selbstbewusstsein ausdrücken. Kein „würde", „könnte", etc., sondern „Auf ein persönliches Gespräch freue ich mich."

Die persönliche Unterschrift, optimal mit Füllfederhalter geschrieben. Verwenden Sie hochwertiges Papier, das ein wenig dicker ist. So fallen Sie in der Vielzahl der eingegangenen Bewerbungen gut auf.

Nutzen Sie für das Anschreiben maximal eine Seite. Qualifikationen und Referenzen können Sie sehr gut im Lebenslauf unterbringen.

Der Lebenslauf

Auch der Lebenslauf lässt sich nicht aus dem Ärmel schütteln. Er ist einer der wichtigsten Bestandteile Ihrer Bewerbungsmappe, stellt er doch all Ihre Kompetenzen heraus. Selbst wenn Sie durch eine eventuelle Erziehungszeit einen etwas dürftigen Lebenslauf haben, können Sie ihn mit Fort- und Weiterbildungen oder Volkshochschulkursen erweitern. Selbstinitiative verbessert die beruflichen Chancen und ist von Personalchefs sehr gern gesehen. Ihre derzeitige Qualifikation ist ohnehin wichtiger als alles, was Sie zuvor vielleicht gemacht haben.

Gerade wenn Sie sich im Laufe der Zeit stark gesteigert haben, spricht das nur für Sie. Zeigen Sie also Ihre Bereitschaft, sich permanent weiterzuentwickeln und seien sie offen für lebenslanges Lernen.

Der Aufbau des Lebenslaufes

- Persönliche Daten
  (Vorname, Familienname, Anschrift, Geburtsort,
  Geburtsdatum, Familienstand, Kinder)

- Schulen, Schulabschlüsse
  (Angabe in Jahren), vollständig

- Studium
  (Hochschule, Abschluss, Zusätzliches wie
  Auslandspraktika, zusätzliche Fächer,
  Studienschwerpunkte, Thema der Examensarbeit),
  vollständig

- Berufsausbildung, Berufspraxis (Angabe des/r
  Ausbildungsberufe/s, Ausbildungsstätte,
  Abschlüsse, Beruflicher Werdegang mit Angabe
  der Firmen, Positionen, Verantwortungsbereiche,
  Projekterfahrungen, Besondere Leistungen -

Angabe mit Monat und Jahr)

- Sonstige Lebenswege wie Wehrdienst, ökologisches, soziales Jahr, Fernstudium, Erziehungszeit, etc.

- Berufliche Weiter- oder Fortbildungen Weiter- und Fortbildungen ohne konkreten Bezug zu Ihrem jetzigen Beruf wie zum Beispiel Sprachen, EDV-Kenntnisse, etc.

- Interessen, Hobbys, Soziales oder ehrenamtliches Engagement (nur relevante Tatsachen angeben - Kein Tanzen, Kein „Mit Freunden abhängen", etc.)

- Lichtbild (oben rechts)
  Ort, Datum, Unterschrift

Gliedern Sie ihren Lebenslauf entweder nach Themen oder verwenden Sie einen chronologischen Aufbau. Hinterlassen Sie möglichst keine Lücken und geben Sie auch Zeiten an, in den Sie arbeitslos waren, Erziehungsjahre geleistet haben oder ein halbes Jahr um die Welt gesegelt sind. Punkten Sie hier mit Ihren

Weiter- oder Fortbildungen, die Sie in solchen Lücken
gemacht haben.

Ein kleiner Tipp:

Verwenden Sie nicht die Worte „arbeitslos" oder
„arbeitssuchend", sondern schreiben Sie stattdessen
„Bewerbungszeitraum" in den Lebenslauf.

Die richtige Gehaltseinschätzung

Oft wird in Stellenausschreibungen eine
Gehaltsvorstellung gefordert. Damit tun sich die meisten
Menschen jedoch äußerst schwer. Sie sollten sich
bewusst machen, dass Ihre Gehaltsangabe zeigt, wie viel
Ihre Arbeit wert ist. Ist Ihre Gehaltsangabe zu gering,
zeigen Sie, dass Sie die Leistungsanforderungen des
Personalchefs nicht ausreichend erfüllen. Ihre Arbeit
scheint also nicht sonderlich wertvoll zu sein. Gehen Sie
zu hoch an die Gehaltsvorstellung heran, wird der
Personalchef denken, dass Sie unter massiver
Selbstüberschätzung leiden. Sehr hohe
Gehaltsvorstellungen sind nur dann angebracht, wenn
Sie über wirklich viele oder besonders wertvolle
Qualifikationen verfügen. Nutzen Sie also das Internet
und forschen Sie dort nach dem üblichen Gehalt für
Ihren Beruf und ihr Bundesland. Diese Gehälter werden

meistens als Unter- und als Obergrenze angegeben. Sie sollten sich immer am oberen Wert orientieren und nicht mehr als 5 Prozent „draufschlagen". Auf diese Weise können Sie verhandeln und werden immer ein akzeptables Gehalt erzielen. Fordert der Personalchef eine Begründung für Ihre Gehaltsvorstellung, dürfen Sie nur mit Qualifikationen, Leistungen und Erfahrungen argumentieren. Steigende Lebenserhaltungskosten, Schulden oder die teure Ausbildung der Kinder sind kein Verhandlungsargument. Ist dem Personalchef Ihr Gehalt zu hoch, obwohl er deutliches Interesse an Ihnen hat, können Sie eine Gehaltsfestschreibung mit ihm verein-baren. Dabei werden Sie ein Anfangsgehalt bekommen, mit dem Ihr Personalchef leben kann, aber gleichzeitig wird Ihnen vertraglich zugesichert, nach einer bestimmten Zeit Gehaltssteigerungen vorzunehmen.

Weitere Möglichkeiten, das Gehalt zu erhöhen, sind Sachleistungen, die nicht vom Lohn abgezogen werden. Ein Firmenwagen, zusätzliche Urlaubsansprüche oder ein kostenloser Platz im Betriebskindergarten sind mögliche Sachleistungen. Sie sollten diese Angebote des Personal-chefs akzeptieren und für ein niedrigeres Gehalt arbeiten. Dadurch erhalten Sie nicht nur eine Wertschätzung, sondern auch steuerfreie Leistungen, die Ihr Gehalt indirekt erhöhen.

Die Initiativ-Bewerbung

Mit einer Initiativbewerbung haben Sie nicht nur die maximale Entscheidungsfreiheit bezüglich Ihrer Karriereziele. Sie zeigen auch echtes Interesse an einem Unternehmen und erhöhen so Ihre Chancen auf den Traumjob. Folgende Tipps sollten Sie bei Initiativbewerbungen beherzigen:

Notieren Sie sich aus dem örtlichen Branchenbuch bis zu fünf Unternehmen, in denen Sie gerne arbeiten wollen.

Kontaktieren Sie die Personalabteilung dieser Firmen und erkundigen Sie sich nach freien Stellen. Sie können die Unternehmen auch direkt persönlich mit Ihrer Bewerbungsmappe aufsuchen.

Zeigen Sie dem Unternehmen, welche Ihrer Qualifikationen nützlich sein können und welchen Mehrwert Sie für die Forma haben können.

Geben Sie sich stark und selbstbewusst!

Nutzen Sie auch den Aufbau Ihrer Online-Reputation für eine besonders außergewöhnliche Form der Initiativbewerbung. Mit der Domain www.IhrName-sucht-Traumjob.de können Sie eine Bewerbung starten, die selten und nahezu einzigartig ist.

Alle Unterlagen, die für gewöhnlich in einer Bewerbungsmappe enthalten sind, sollten als Download angeboten werden. All diese Informationen sollten Sie jedoch unbedingt mit einem Passwort schützen. Ihren Lebenslauf, eine Beschreibung Ihrer Qualifikationen und die Angabe Ihren Traumjobs können Sie nicht jedem zugänglich machen. Ist Ihre neue Internetpräsenz komplett fertig, können Sie kurze Anzeigen aufgeben, in Social-Network-Diensten die Domain posten oder Wunschfirmen direkt selbst darauf aufmerksam machen. Informieren Sie relevante Unternehmen persönlich, achten Sie darauf, das Passwort für den Zugang zum Downloadbereich gleich mit anzugeben.

Prinzipiell halten Personalchefs sehr viel von Initiativbewerbern. Besonders aufsehenerregende Aktionen betonen Ihren Willen, in Ihrem Traumjob zu arbeiten und erfolgreich zu sein!

E-Mail-Bewerbungen

Eine Neuerung in Zeiten des Internets sind E-Mail-Bewerbungen. Diese werden immer häufiger von Personalchefs angefordert. Scannen Sie alle relevanten Dokumente wie Ihre Zeugnisse, Fotos und so weiter ein und senden Sie diese Unterlagen im Anhang. Wenn Sie sich per E-Mail bewerben, müssen Sie dennoch das Anschreiben und den Lebenslauf ausdrucken und persönlich unterschreiben! In der E-Mail selbst sollten Sie kein Anschreiben formulieren. Beziehen Sie sich nur kurz auf die Ausschreibung und vermerken Sie den Versand der vollständigen Unterlagen im Anhang. Alternativ geben Sie die Internetadresse Ihrer virtuellen Bewerbungsmappe an.

7. Beförderung / Gehaltserhöhung

Wenn Sie bereits in Ihrem Traumjob arbeiten, aber eine bessere Position innehaben wollen oder eine Gehaltserhöhung durchsetzen möchten, hat sich das „ABC der Karriere" bewährt. Nutzen Sie es, um Ihre Ziele konsequent umzusetzen!

A wie **Anfangsgehalt**: Auch wenn Sie einen neuen Job bitter nötig haben, sollten Sie Ihr Anfangsgehalt immer an der oberen Grenze festlegen. Denken Sie bei entsprechenden Verhandlungen stets daran, dass Sie einen Wert zu bieten haben. Je höher Ihr Gehalt, desto höher Ihr (Markt-)Wert.

B wie **Beförderung**: Für eine Beförderung müssen Sie überdurchschnittlich gute Leistungen erbringen. Tun Sie dies, wird Ihr Chef Ihnen selbständig eine Beförderung anbieten. Tut er es nicht, sollten Sie Ihren Wert für die Firma beziffern und selbst darum bitten. Beachten Sie jedoch, bei einer Beförderung immer eine Gehaltserhöhung zu fordern, sonst bekommt Ihr Chef Ihre hochwertige Leistung zum Nulltarif. Eine neue, höhere Position bedeutet nämlich automatisch auch mehr Verantwortung und mehr Aufgaben. 10 bis 15 Prozent Gehaltssteigerung sind hier realistisch.

C wie **Coaching**: Nutzen Sie die Vorteile eines Coachings und suchen Sie nach einem professionellen Coach. Dieser sollte eine Person sein, die genau da ist, wo Sie augenblicklich hinwollen. Perfekt ist das Coaching durch einen Chef, es darf nur nicht Ihr eigener sein. Ein Chef weiß nämlich in der Regel ganz genau, warum er Mitarbeiter befördert oder ihnen eine Gehaltserhöhung gibt und kann mit Ihnen darauf hinarbeiten. Legen Sie gemeinsam mit Ihrem Coach Ihr Gehaltsziel fest und entwickeln Sie Strategien, mit denen Sie dieses Ziel auch erreichen.

D wie **Duckmäuser**: Seien Sie niemals ein Duckmäuser! Niemand wird je eine Gehaltserhöhung für Freundlichkeit oder Kriechtum bekommen.

Sie müssen schon selbstbewusst auf Ihre Leistungen aufmerksam machen. Hilfreich ist auch, wenn Sie immer ganz klar, deutlich und laut reden. Fordern Sie, statt um etwas zu bitten. Arbeiten Sie auch an Ihrer Körperhaltung und besuchen Sie entsprechende Kurse, die auch die Rhetorik umfassen sollten. Dort lernen Sie idealerweise auch, gerade zu gehen und den Kopf oben zu halten. Widersprechen Sie Ihrem Chef, sofern dies nötig ist, aber tun Sie dies möglichst sachlich und nicht, wenn zahlreiche Mitarbeiter Zeuge davon werden.

E wie **Erpressung**: Eine Erpressung ist niemals eine gute Idee. Es gibt keinen Chef, der sich erpressen lassen wird. Sie verlieren dadurch nur Ihren Job. Überzeugen Sie lieber durch Leistung!

F wie **Firmengröße**: Die Firmengröße sollte bei Ihrem Wunsch nach einer Gehaltserhöhung eine Rolle spielen. Große Gehaltsforderungen sind für gewöhnlich nur in großen Unternehmen möglich. Firmen, die eher klein sind oder gar familiär geführt werden, können das nicht leisten. Sie haben bei großen Unternehmen grundsätzlich mehr Spielraum bei Gehaltsforderungen. In kleineren Firmen wird sich die Anerkennung Ihrer Leistungen eher auf unregelmäßige Zuwendungen beschränken.

G wie **Gespräch**: Sie haben bereits einen Gesprächstermin bei Ihrem Chef, um über eine Gehaltserhöhung zu verhandeln? Notieren Sie vorher genau, warum Sie eine solche Erhöhung verdienen und belegen Sie in letzter Zeit erbrachte Leistungen. Wenn Sie für bestimmte Firmenerfolge verantwortlich waren, belegen Sie auch dies. Denken Sie auch daran, dass es sich bei dem Gespräch um ein ganz normales geschäftliches Ereignis handelt - Sie gehen in keine Arena. Sie müssen nur überzeugen.

H wie **Heimliche Verhandlung**: Erzählen Sie niemals Ihren Kollegen, dass Sie den Chef um eine Gehaltserhöhung bitten wollen. Ihr Chef würde in jedem Fall davon hören und Ihre Bitte abschlagen. Er müsste nämlich damit rechnen, dass weitere Mitarbeiter auf ihn zukommen, wenn Sie Erfolg haben. Diskretion ist hier oberstes Gebot. Wenn alles klappt und Sie Ihre

Gehaltserhöhung durchsetzen konnten, sollten Sie es dennoch niemandem erzählen. Es könnte ansonsten nämlich Ihre letzte Gehaltserhöhung gewesen sein.

I wie **Ideale Voraussetzungen**: Schaffen Sie ideale Voraussetzungen vor dem Gespräch mit Ihrem Chef. Dazu gehört die Überprüfung der aktuellen Zahlen des Unternehmens. Konnte die Firma ihren Umsatz erhöhen? Waren Sie daran beteiligt? Hat Ihre Branche allgemein eine wirtschaftlich stabile Lage? Sind Ihre Leistungen qualitativ hochwertig? Wenn derzeit mehr Negativpunkte vorliegen, sollten Sie derartige Gespräche verschieben. Dies gilt auch dann, wenn Ihr Chef momentan schlecht gelaunt ist.

J wie **Jährliches Leistungsgespräch**: Die meisten Unternehmen führen jährliche Leistungsgespräche mit ihren Mitarbeitern. Sofern Ihr Chef überaus zufrieden mit Ihren Leistungen ist, können Sie auch innerhalb dieses Gespräches eine Gehaltserhöhung ansprechen. Sie sollten jedoch zuvor eine ebenso gründliche Vorbereitung geleistet haben, wie Sie dies getan hätten, wenn Sie tatsächlich um ein solches Gespräch gebeten hätten. Verneint Ihr Chef trotz großer Zufriedenheit eine Gehaltserhöhung, versuchen Sie, miteinander

Leistungsziele zu vereinbaren, die bei Erreichung honoriert werden.

K wie **Kritik**: Eine Forderung nach mehr Gehalt wird immer mit Kritik an Ihrer Person einhergehen. Dies ist die übliche Abwehrreaktion von Firmenchefs, um Ihrer Bitte nicht entsprechen zu müssen. Heben Sie eine überdurchschnittliche Leistung hervor und reagiert Ihr Chef darauf mit dem Kritisieren eines Fehlers, dann gehen Sie nicht darauf ein. Ihre Leistung sollte in diesem Fall noch einmal betont werden und Sie sollten zusätzlich darauf hinweisen, was für einen Mehrwert Ihre Leistung für das Unternehmen hatte. Auf den Fehler gehen Sie nur dann ein, wenn er nur geringe Auswirkungen hatte und mit Ihrer Leistung absolut nichts zu tun hatte. Zudem sollten Sie erwähnen, dass Sie niemals einen Fehler zweimal machen und er somit als Leistungssteigerung betrachtet werden kann.

L wie **Leistung**: Ihre Leistung bestimmt Ihr Gehalt - das ist eine ganz einfache Rechnung. Dennoch ist Ihre Leistung nur für 10 Prozent Ihres Einkommens verantwortlich. Die übrigen 90 Prozent beruhen darauf, wie gut Sie Ihre Leistung verkaufen. Erbringen Sie eine außergewöhnlich gute Leistung, müssen Sie dafür sorgen, dass Ihr Chef dies auch bemerkt!

M wie **Mut**: Mut kann gelernt werden und ist enorm wichtig für Ihren Erfolg. Realistische Forderungen, überzeugende Qualität und ein bisschen Mut reichen aus! Genauso wie Ihr Chef von seinen Kunden mehr Geld für Verbesserungen fordert, können Sie mehr Gehalt für massive Leistungssteigerungen fordern!

N wie **Nullrunden**: Akzeptieren Sie keine Nullrunden, ohne Ihre Meinung dazu kundzutun. Dies wird sonst zur Regel. Sie sollten auf Gehaltssteigerungen verzichten, wenn es Ihrer Firma wirtschaftlich nicht gut geht. Trotzdem müssen Sie sofort ein Gespräch mit Ihrem Chef vereinbaren und eine Gehaltserhöhung für den Zeitpunkt fordern, an dem es Ihrer Firma wieder gut geht. Die Begründung muss leistungsbezogen sein. Wird eine Nullrunde ohne offensichtlichen Grund angekündigt, bestehen Sie auf einer Gehaltserhöhung und drohen Sie, sofern Sie wirklich qualitativ höhere Leistungen bringen, mit einem Firmenwechsel.

O wie **Optionen**: Sie müssen prinzipiell auf ein ausreichendes Grundgehalt bestehen. Die Bezahlung durch Optionen auf Aktien ist einfach zu risikoreich.

P wie **Prämien**: Gehört Ihr Unternehmen zu denjenigen, die jährliche Prämienzahlungen für das Erreichen von Leistungszielen gewähren, sollten Sie dies unbedingt vertraglich festschreiben lassen. Leistungsdefinitionen wie „zur Zufriedenheit" sind hier fehl am Platze, da Ihr Chef jederzeit argumentieren kann, dass er eben nicht zufrieden war. Leistungsziele, die auf Zahlenwerte verweisen, die sich überprüfen lassen, sind die einzig akzeptable Art.

Q wie **Querelen**: Wenn Sie sich immer über alles beschweren und aus den Klagen nicht mehr herauskommen, sind Sie für Ihre Firma absolut nicht von Wert. Sie müssen immer durch leistungsbezogene Argumente überzeugen - Beschwerden bringen Ihnen gar nichts.

R wie **Rhetorik**: Gehen Sie zu einem Rhetorikkurs. Kaum etwas überzeugt so sehr wie die richtige Körpersprache, Ausdrucksweise und Stimme.

S wie **Spitzengehalt**: Sie erhalten nur dann ein Spitzengehalt, wenn Ihr Wert für Ihr Unternehmen offensichtlich ist. Ihr Chef wird Geld in Sie investieren, wenn er sich dafür einen Mehrwert verspricht - sonst nicht.

T wie **Taktik**: Legen Sie sich eine gute Taktik zu, wenn Sie über eine Gehaltserhöhung verhandeln wollen. Beginnen Sie das Gespräch mit Ihrem zweitbesten Argument. Ihr Chef wird Interesse zeigen. Nun können Sie Ihr drittbestes Argument vorbringen, so dass er die Chance hat, sich in seinem Stuhl zurückzulehnen und Ihre Argumente zu entkräften. Wenn er sich als Sieger fühlt, präsentieren Sie ihm Ihr bestes Argument - Sie werden die Gehaltserhöhung mit großer Wahrschein-lichkeit durchsetzen!

U wie **Understatement**: Sie müssen immer wieder neu für sich werben, also seien Sie nicht bescheiden. Ihr Produkt heißt „Leistung" - die Werbebotschaft „Mehrwert, Qualität, Fleiß"!

V wie **Vorstellungsgespräch**: Sofern Sie einen neuen Arbeitsplatz suchen, können Sie Ihr Gehalt schon zu Beginn deutlich erhöhen. Sprechen Sie das Gehalt jedoch nicht zuerst an und sorgen Sie dafür, dass auch Ihr zukünftiger Chef erst von ihren Leistungen überzeugt werden kann, bevor dieses Thema angesprochen wird. Überzeugen Sie ihn von Ihrem Wert und lassen Sie ihn einen Vorschlag machen. Ist das Gehalt nun höher oder gleichwertig wie Ihre ursprünglichen Vorstellungen, können Sie kurz zögern und dann zustimmen. Grundsätzlich sollten Sie drei Gehaltsvorstellungen mitbringen. Lassen Sie sich nie unter die unterste Grenze drücken, aber gern über das tatsächliche Gehaltsziel.

W wie **Wagen**: Ist eine Gehaltserhöhung derzeit nicht möglich, machen Sie alternative Vorschläge. Vielleicht ist Ihr Chef bereit, Ihnen einen Dienstwagen zur Verfügung zu stellen oder Ihnen eine andere Sachleistung zu gewähren.

XY wie **XY**: Was, wenn alle Vorbereitung nichts bringt? Vielleicht ist die Firma nicht die richtige für Sie? Eventuell weiß Ihr Chef Ihren Wert nicht zu schätzen? Manchmal, wenn man jahrelang in einer Firma gearbeitet hat und plötzlich fordert, fällt dies nicht gleich ins Gewicht. Haben Sie Mut und ziehen Sie einen Firmenwechsel in Betracht. Ihr Coach kann Ihnen bei neuen Strategien helfen.

Z wie **Ziele**: Für jeden Bereich Ihres Lebens gilt: Sie benötigen konkrete Ziele. Ohne ein solches Ziel vor Augen, werden Sie keinen Erfolg haben. Notieren Sie daher regelmäßig Ihre Karriereziele, Gehaltsziele, aber auch die privaten Ziele. So mobilisieren Sie Kräfte, die zur Erreichung der Ziele nötig sind. Gehen Sie wirklich niemals in wichtige Verhandlungen, ohne genau zu wissen, was Sie wollen. Halten Sie sich immer an Ihr Minimalziel - darunter sollte es für Sie keinen Verhandlungsspielraum geben!

Nutzen Sie das ABC für Ihre Verhandlungen und setzen Sie die darin enthaltenen Tipps um. Es hilft Ihnen bei der Erlangung Ihres Traumjobs ebenso wie beim Besetzen einer neuen, höheren Position.

8. Selbständigkeit / Freiberuflichkeit

Eine der schwierigsten Entscheidungen, die Sie treffen können, ist das Einschlagen eines ganz neuen beruflichen Weges. Der Weg in die Selbständigkeit ist nicht leicht. Als Selbständiger oder Freiberufler haben Sie mit schwierigen finanziellen Verhältnissen zu rechnen. Sie bekommen jedoch auch die einzigartige Chance, Ihre Träume wahr werden zu lassen.

Für eine Firmengründung gibt es mehrere Möglichkeiten. Sie können aus der Arbeitslosigkeit heraus eine Firma gründen oder Freiberufler werden. Hierbei erhalten Sie auch finanzielle Unterstützung, sofern Ihr Konzept tragfähig ist.

Wenn Sie eine Neugründung anstreben, ohne zuvor arbeitslos gewesen zu sein, müssen Sie in aller Regel Kredite aufnehmen. Dafür können Sie Ihr Unternehmen jedoch ganz nach Ihren Vorstellungen aufbauen und sind fortan Ihr eigener Chef. Sie arbeiten künftig unabhängig und suchen sich Ihre Mitarbeiter allein aus. Dafür sind Sie jedoch auch für alles allein verantwortlich. Nur wenn Sie mit anderen Personen eine Neugründung beginnen, liegt die Verantwortung auch bei mehreren Personen.

Allerdings müssen Sie alle dann auch kompromissbereit sein. Eine beliebte Form der Firmengründung ist das Franchising. Hier übernehmen Sie quasi ein fertiges und bereits erfolgserprobtes Konzept. Lizenzgebühren können Sie für gewöhnlich relativ schnell abarbeiten. Meist bekommen Sie auch Schulungen und eine umfangreiche Betreuung sowie die Nutzungserlaubnis für Vertriebswege und Produkte. Ihrer Freiheit im unternehmerischen Bereich sind allerdings Grenzen gesetzt. Sie müssen die Gestaltung und das Firmenlogo in der Regel übernehmen und dürfen keine großen Konzeptänderungen vornehmen.

Auch die Unternehmensnachfolge ist ein beliebter Weg in die Selbständigkeit. Die Vorteile sind deutlich - Sie machen vom ersten Tag an Umsatz und das Team ist bereits eingespielt. Sie werden es vielleicht schwer haben, als neuer Chef sofort Unterstützung zu finden, aber grundsätzlich ist dies mit die einfachste Form der Selbständigkeit.

Wenn Sie bereits selbständig waren und gescheitert sind, ist es besonders lobenswert, wenn Sie es noch einmal wagen. Wer seine Träume zielsicher verfolgt und auch Rückschläge hinnimmt, muss schon sehr viel Pech haben, um seine Ziele nicht doch irgendwann zu erreichen. Der Vorteil eines sogenannten Re-Start ist sicherlich, dass Sie die Fehler bereits kennen und künftig vermeiden werden. Vielleicht ist Ihr Konzept jetzt auch ausgereifter oder Sie haben einfach bessere Startbedingungen.

Als Freiberufler haben Sie meist keine hohen Gründungskosten. Meist werden Sie zunächst im Home-Office arbeiten und so wertvolle Kapazitäten einsparen. Freiberufler müssen jedoch besonders hart arbeiten, da sie nicht als vollwertiges Unternehmen gelten.

Egal für welche Möglichkeit eigenverantwortlich Karriere zu machen Sie sich entscheiden - Sie benötigen Berater, einen Coach, Steuerberater, eventuell einen Rechtsanwalt und auch finanzielle Hilfe. Der Staat gewährt Gründern hierfür Gelder, die meist die ersten zwei Jahre sowie die Geschäftsausstattung abdecken. Auch Banken wie die KfW-Förderbank unterstützen langfristig Ihren geschäftlichen Erfolg.

9. Umorientierung

Egal, ob Sie erfolgreich, aber unglücklich in Ihrem Beruf sind oder keine Karrierechancen mehr sehen. Prinzipiell haben Sie die Möglichkeit, eine neue Karriere zu beginnen, auch wenn dies Mut erfordert. Gerade in Krisenzeiten sind berufliche Veränderungen eine große Herausforderung. Es spielt wirklich keine Rolle, ob Sie über eine exzellente Ausbildung verfügen und erfolgreich sind oder ob Sie seit Jahren an einer Supermarktkasse sitzen und von einem Leben als Modeberaterin träumen. Wenn Sie Ziele haben, können Sie auch die notwendigen Schritte gehen, diese Ziele umzusetzen. Der erste Weg sollte immer der sein, sich darüber bewusst zu werden, was Sie beruflich wirklich gern machen möchten.

Es gibt Menschen, die haben noch mit 50 Jahren das Abitur gemacht und anschließend Medizin studiert. Alles ist möglich!

Nutzen Sie einen Karrierecoach, der Sie begleitet, Ihnen Tipps und Tricks verrät und Sie fit für Ihren neuen Lebensweg macht.

Leider wählen die meisten Menschen den falschen Beruf aus, wenn sie noch jung sind. Einige tun dies, weil ihre Eltern wünschen, dass ihre Kinder einen bestimmten

Beruf erlernen - andere wiederum hatten kein Interesse an der Schule und haben sich selbst alle Möglichkeiten verbaut, ihren Traumjob zu finden. Doch dies sind keine Gründe, auf ewig Dienst nach Vorschrift zu tun. In Zeiten, in denen es Fernschulen gibt, kann jeder Schulabschlüsse nachholen oder sich ganz neu qualifizieren.

Manchmal muss man sich einen Ruck geben, um ins kalte Wasser zu springen, doch am Ende wartet die Belohnung - der Traumjob.

In Amerika gehen die Menschen ganz anders mit dem Problem um. Sie tolerieren auf Dauer keine ungeliebten Jobs und orientieren sich gerade in der Mitte ihres Berufslebens gerne um. Dort heißt das „Mid-Career Crisis" und ist ein anerkannter Weg. Während sich deutsche Bewerber für ein sogenanntes Sabbatjahr rechtfertigen müssen, gehört das für amerikanische Chefs zur Horizonterweiterung dazu. In Amerika ist auch der Quereinstieg nicht verpönt. Weist ein Bewerber exzellente Qualitäten in seinem Traumjob auf, ohne dies je gelernt zu haben, bekommt er den Job dennoch eher, als ein reiner Theoretiker, dem die Leidenschaft und Liebe zu dieser Arbeit fehlt. In Deutschland wäre dies undenkbar. Dennoch ist es möglich, eine neue Karriere einzuschlagen, wenn man nur gewillt ist, dafür zu arbeiten und Zeit und Geld zu investieren.

Eigentlich ist es heutzutage bekannt, dass nur derjenige überdurchschnittliche Arbeit leistet, der seinen Beruf liebt - und das langfristig. Alle anderen werden zwar meist ihrer Aufgabe gerecht, bringen aber nie überdurchschnittlich gute Leistungen. Es wird Zeit, mit dem Träumen aufzuhören und aktiv zu werden. Sicher kostet dies so manch schlaflose Nacht, noch viel mehr Mut und bedeutet gerade zu Beginn vielleicht auch einen finanziellen Verlust, aber das Ergebnis ist es wert!

Wenn Sie sich beruflich neu- oder umorientieren, müssen Sie das fachliche Know-how erst erlernen. Zudem müssen Sie mit einem psychischen Entwicklungsprozess klarkommen. Ein ganz neues Netzwerk muss geknüpft werden und Sie müssen einfach weitaus mehr tun, als Sie dies lange Jahre gewohnt waren. Die wenigsten Menschen können es sich leisten, einfach mit ihrem Job aufzuhören und neu zu beginnen. Sie müssen also in der Regel alles Nötige in Ihrer Freizeit erlernen. In vielen Fällen werden Sie um eine Umschulung mit finanziellen Einbußen aber nicht herumkommen. Dann ist es vielleicht notwendig, auch noch Nebenjobs anzunehmen.

Erschwerend hinzu kommen die Reaktionen Ihrer Freunde und Familienangehörigen. Häufig wollen diese nämlich nicht an verpasste Chancen erinnert werden.

Seien Sie bereit, auch kostenlose Praktika zu machen. Dies ist für einen späteren Job enorm wichtig, zeigt es doch Ihren wirklichen Willen, Ihren Traumjob zu bekommen. Analysieren Sie Ihre Ziele genau, planen Sie die Zwischenziele und arbeiten Sie konsequent daran. Manchmal wird es nötig sein, sich von Freunden zu trennen, die Sie nur ausbremsen. Trauen Sie ihnen nicht hinterher - umgeben Sie sich mit Personen, die Ihnen weiterhelfen. Alltagsbremsen gibt es genug!

Fazit

Haben Sie Mut und ergreifen Sie die Chancen, die sich Ihnen bieten! Wenn Sie wirklich Ihren Traumjob finden oder eine neue Position besetzen wollen, werden Sie das auch schaffen. Sie müssen Sich einfach klare Ziele setzen und einige Regeln befolgen.

Hier noch einmal eine Checkliste der wichtigsten Schritte, die zum Erfolg führen:

Setzen Sie sich möglichst konkrete Ziele! Schreiben Sie Ihre Ziele genau auf, schildern Sie sie detailreich und untermauern Sie Ihren Wunsch mit Bildern, Fotos oder Ähnlichem.

Lernen Sie Ihre eigenen Stärken kennen und bauen Sie sie aus. Sie müssen sich immer auf Ihre Stärken konzentrieren. Es nützt nichts, sie zu vernachlässigen, um irrelevanten Schwächen abzubauen.

Entwickeln Sie Mut! Niemand wird Ihnen etwas geben, wenn Sie nicht lernen zu fragen. Seien Sie überzeugt von sich selbst und Ihren Fähigkeiten und treten Sie allen Menschen mit dem nötigen Quäntchen Mut entgegen. Gerade in Krisenzeiten gehört Mut dazu, einen sicheren, aber unbefriedigenden Job zugunsten des Traumjobs aufzugeben. Sie brauchen diesen Mut aber, da sich an Ihrer Situation ansonsten nie etwas ändern wird.

Fordern Sie Respekt ein! Lassen Sie sich von absolut niemandem respektlos behandeln und tun Sie dies umgekehrt auch nicht mit anderen Menschen. Respekt ist einer der wichtigsten Punkte für Erfolg.

Verringern Sie Ihre Frustrationstoleranz! Sie dürfen sich

nie über einen längeren Zeitraum mit einem Leben zufrieden geben, das Ihre Triebwünsche nicht befriedigt. Sie werden sonst nur abstumpfen und kaum noch die Kraft aufbringen, Ihre Ziele zu verwirklichen.

Jede individuelle, authentische Idee, die Ihnen einfällt sollten Sie aufschreiben. Vielleicht kann daraus Großes erwachsen. Legen Sie auch auf Ihren Nachtisch Zettel und Stift, um Ideen aufzuschreiben, die Sie im Traum überraschen. Meistens wacht man davon auf, vergisst sie jedoch wieder bis zum Morgen.

Sobald Sie ein Unternehmen ausgewählt haben, das eine freie Stelle in Ihrem Traumjob hat, müssen Sie eine sehr gründliche Firmenrecherche betreiben. Alles, was diese Firma betrifft, müssen Sie sich verinnerlichen, um auf jede noch so unbedeutende Frage antworten zu können.

Entwickeln Sie ein Gespür dafür, was zu der jeweiligen Firma passt, denn nur so können Sie mit Ihren Qualitäten überzeugen.

Nutzen Sie Fort- und Weiterbildungsmöglichkeiten, Volkshochschulkurse oder Fernstudien. Damit erhöhen Sie Ihre Qualifikationen optimal und zeigen zudem Ihre Bereitschaft, lebenslang zu lernen und etwas für Ihren Traumjob zu tun.

Bringen Sie bei jeder Bewerbung und bei jedem Vorstellungsgespräch eine prägnante und klare Botschaft herüber. Dies ist grundsätzlich in allen Lebenslagen, in denen Sie etwas erreichen wollen, wichtig.

Geben Sie niemals auf und lassen Sie sich nicht demotivieren. Umgeben Sie sich ausschließlich mit Personen, die Ihr Vorhaben unterstützen und trennen Sie sich von Menschen, die Sie nur ausbremsen!

Überlegen Sie gut, ob Ihr Traumjob nicht auch selbständig ausgeübt werden kann. Vielleicht sind Sie gar nicht darauf angewiesen, für ein Unternehmen zu arbeiten, sondern können genauso gut gleich für sich selbst arbeiten.

Nutzen Sie alle Angebote der Fachberatungen, Hilfen und finanziellen Unterstützungen durch den Staat oder private Berater. Hier ist auch ein Coach sehr, sehr wichtig. Dieser kann Ihnen am besten Ihre Stärken und Schwächen aufzeigen und entwickelt mit Ihnen klare Zielstrategien, mit denen Sie Erfolg haben werden.

Wenn Sie Ihre Position innerhalb Ihres Unternehmens bereits erhöhen konnten, kommen manchmal Probleme auf Sie zu, die Sie an Ihre Grenzen bringen. So merken viele Menschen erst dann, wenn sie bereits die nächsthöhere Position erreicht haben, dass ihnen eigentlich Kompetenzen fehlen. Denn hervorragende Leistungen als Untergebener machen Sie nicht automatisch zur Führungskraft. Sie können sich zwar in der Regel in Ihre Mitarbeiter hineinversetzen, da Sie ebenfalls einmal an dieser Stelle standen, aber das reicht für gewöhnlich nicht aus, um diese auch gut zu führen.

Mit einer höheren Position haben Sie auch höhere Aufgaben zu bewältigen. Sie müssen die Zahlen Ihrer Abteilung sicher in den Griff bekommen, sich an den Mitarbeitern orientieren und Sie müssen Ihre Mitarbeiter auch dergestalt coachen, dass sie Ihre Abteilung zum Erfolg führen. Prinzipiell werden Sie sich zusätzlich noch mit anderen Leistungskräften auseinandersetzen müssen, um wichtige Ressourcen für Ihre Abteilung zu erkämpfen.

Das Schwierigste an Ihrer neuen Position wird die Motivierung der Mitarbeiter sein, insbesondere dann, wenn Sie lange Zeit einer der ihren waren und nun ihr Chef geworden sind. Sie müssen sich also vor Augen halten, dass Ihre Mitarbeiter nicht so motiviert und engagiert wie Sie arbeiten, denn sonst wären diese ja in die Führungsposition gewählt worden. Nutzen Sie die Möglichkeit und nehmen Sie an einer Weiterbildung zum Leiter bzw. Führungspersonal teil. Manchmal handelt es sich, je nach Branche, auch um Seminare oder Coaching - Kurse, mit denen Sie Ihre Führungskompetenzen deutlich ausbauen können.

Bedenken Sie auch: Sie führen Menschen - keine Mitarbeiter! Das heißt, dass Sie individuell auf jeden einzelnen reagieren müssen. Wenn Herr Müller sich durch Lob motivieren lässt, kann dies bei Frau Schulz ganz anders aussehen. Auch hier kann die erfolgreiche Mitarbeiterführung gelernt werden. Nur mit entsprechenden Kursen sind Sie in der Lage, auf unterschiedliche Menschen in den unterschiedlichsten Situationen individuell zu reagieren.

Wenn Sie eine erfolgreiche Führungspersönlichkeit werden wollen, sollten Sie bereit sein, Ihre Mitarbeiter zum Erfolg zu coachen. Unterstützen Sie sie ausreichend und bringen Sie sie so dazu, Spitzenleistungen zu vollbringen. Werden Sie der Begleiter, der Berater und Coach Ihrer Mitarbeiter und setzen Sie gemeinsame Ziele. Lassen Sie auch die einzelnen Mitarbeiter eigene Zielvorgaben erarbeiten. Die Motivation steigt mit jedem Erreichen eines Zwischenziels deutlich an.

Wenn Sie erfolgreiche Mitarbeiter sehen, die hervorragende Leistungen erbringen, dann bremsen Sie

sie nicht aus. Viele Führungspersönlichkeiten machen den Fehler, in solchen Mitarbeitern nur einen Konkurrenten zu sehen. Fördern Sie solche Mitarbeiter lieber, lassen Sie sie an Weiterbildungen teilnehmen und stärken Sie seine Kompetenzen. So helfen Sie qualifizierten Mitarbeitern in deren Bereich zum Karrieregipfel zu verhelfen - Ihre eigene Position wird in der Regel nicht bedroht sein. Sollten Sie jedoch die Möglichkeit haben, noch einmal eine höhere Position zu besetzen, weil Sie Ihre Abteilung zu Höchstleistungen gebracht haben, dann haben Sie auch hervorragenden Nachwuchs zur Hand.

Egal, ob Sie in Ihrem Traumjob arbeiten wollen oder eine höhere Position in Ihrem Unternehmen anstreben - Sie allein haben die Macht dazu. Sie sind selbst für Ihre Erfolge und Fehlschläge verantwortlich.

Sie können wahrscheinlich nicht den gesamten Weg alleine gehen, aber Sie können dafür sorgen, dass Sie sich nur mit kompetenten, qualifizierten und anregenden Beratern umgeben.

Nutzen Sie jede Chance, die sich Ihnen bietet, lernen Sie und verfolgen Sie Ihre Ziele konsequent.

Nur so werden Sie Ihre Ziele verwirklichen können.

Autor KD. Witzel

Die 5 besten Internet-Ressourcen für Ihren Traumjob

Online-Rekrutierung

Heute wird die klassische Routine der Bewerbung durch das digitalisierte Personalmanagement zwar nicht ersetzt, aber gerne eingesetzt, da es langfristig gesehen Wettbewerbsvorteile sichert und Unternehmen die Möglichkeit gibt, die besten Kräfte zu rekrutieren. Für Sie ist es wichtig, dass sie sich von ihren Mitbewerbern abheben. Das E-Recruiting hat den Vorteil, dass es weltweit betrieben wird. Möchten Sie Ihren Traumjob also lieber in einem anderen Land ausüben, können Sie sich bei der entsprechenden Firma auf diese Weise bewerben und schnell Ihren Traumjob bekommen. Die Funktionsweise ist dabei denkbar einfach:

1. Recherche

- Richtige Stelle
- Angebot: Online-Rekrutierung
- Richtiges Unternehmen

2. Aufruf der entsprechenden Website mit Anmeldung

3. Fragen beantworten, Lebenslauf hochladen - Abwarten

Mehr als diese drei Schritte sind in der Regel nicht notwendig. Eine andere Form des E-Recruiting sind Stellenbörsen, die jedoch ebenso funktionieren. Sie melden sich dort an, laden Ihren Lebenslauf hoch, füllen Ihr Profil aus und schon können Sie von Unternehmen gefunden werden. Die Angebote sind mittlerweile recht vielfältig. Aber gerade, wenn Sie planen, im Ausland zu arbeiten, sollten Sie auch auf entsprechende ausländische Jobbörsen im Internet achten.

In Deutschland ist E-Recruiting mit folgenden Jobbörsen erfolgreich möglich:

www.monster.de

www.xing.com

www.stellenboersen.de

www.jobpilot.de

Um Jobbörsen aus anderen Ländern herauszufinden, eignet sich die Seite www.ess-europe.de/jobs hervorragend. Dort finden Sie sehr gute Jobbörsen weltweit.

Jobbörsen

Selbstverständlich können Jobbörsen auch ohne E-Recruiting zum Traumjob führen. Die besten Internetadressen für Ihren Traumjob sind:

www.jobscout24.de

www.jobpilot.de

www.jobware.de

www.jobrobot.de

www.monster.de

www.arbeit-online.de

www.arbeitsagentur.de

www.berufsstart.de

www.deutscher-stellenmarkt.de

www.jobonline.de

www.jobs.de

www.jobworld.de

www.job24.de

www.consultants.de

www.hotel-career.de

www.hoteljob-international.de

www.ingenieurkarriere.de

www.ingenieurweb.de

www.job-consult.com

www.beammachine.net

www.jobticket.de

www.computerwoche.de/stellenmarkt.html

www.jobverbund.de

www.myfreelancer.de

www.rekruter.de

www.stellenmarkt.de

www.stellen-online.de

www.viando.de

www.worldwidejobs.de

Jobbörsen verfügen in der Regel über eine optimale Suchfunktion, mit der die Jobsuche stark eingrenzbar ist. Sie sind eine gute Möglichkeit, den richtigen Job zu finden.

Hilfreiche Websites

Um Ihnen die Potenzialanalyse zu erleichtern, gibt es einige Websites, bei denen Sie die Analyse bequem online abwickeln können.

www.experteer.de

www.hernstein.at

Auch das Coaching ist ein wichtiger Bestandteil Ihrer Karriereplanung.

Hierbei helfen folgende Websites:

www.online-coaching.at

mwonline.de/db/coaching/online_coaching.php4

www.coachacademy.de/de;magazin;karriere;d:1549.htm

www.xing.com/net/onlinecoaching

Gute Fernschulen, bei denen Sie Kurse oder vollständige Aus- und Weiterbildungen machen können, sind:

www.sgd.de

www.fernakademie-klett.de

www.ils.de

www.eckert-schulen.de

www.forum-distance-learning.de

www.fom.de

Sie werden häufig wertvolle Anleitungen und Hilfen im Internet finden. Manchmal ist es jedoch besser, sich von einem realen Menschen beraten und leiten zu lassen. Insbesondere ein Coach wirkt sehr viel eindrucksvoller, wenn er Ihnen schonungslos ins Gesicht sagt, dass Sie gerade sehr nachlässig sind. Auch das Vertrauensverhältnis spielt hierbei eine große Rolle. Vergessen Sie auch nicht, dass Sie insbesondere gleichwertige Partner, die Ihnen vielleicht Ihren Geschäftsanfang erleichtern können, als reale Personen benötigen. Sie haben gar nicht die Zeit, immer erst eine

E-Mail zu schreiben oder eine Frage in irgendeinem Forum zu posten. Oftmals werden Sie eine konkrete Telefonnummer oder ein Treffen benötigen, um wichtige Fragen abzuklären. Sie finden Coaches in Ihrer näheren Umgebung

unter:
www.karent.de
www.bimare.de
www.karriereplus.ch
www.standpunktwechsel.de
www.coach-datenbank.de
www.rocketidentity.de

Business Angels

Eine weitere Möglichkeit, seine Ziele optimal umzusetzen, bieten die Business Angels. Dies ist zwar keine reine Internetressource, aber Sie können unverzichtbar für Ihren beruflichen Erfolg sein. Die Mitglieder der Business Angels haben es bereits geschafft und sind bereit, anderen Menschen bei der Karriereplanung, deren Umsetzung und auch der Finanzierung zu unterstützen. Mit größtmöglichem Know-how, maximaler Erfahrung und einem starken finanziellen Hintergrund bekommen Sie Berater an die Seite gestellt, die Ihnen helfen, Ihre Ziele zu erreichen.

Unter www.business-angels.de finden Sie ausführliche Informationen sowie viele Links zu den verschiedenen Standorten der Business Angels - Netzwerke.
Mittlerweile helfen die Business Angels seit 10 Jahren und vergrößern sich dadurch stetig. Neugründer, die von den Business Angels profitiert haben, geben ihre Erfahrungen in der Regel auch gerne weiter. So steht einem Wachstum nichts im Wege und der Erfolg ist enorm.

Fertige Webshops und Netzwerke für die sie keine Kenntnisse benötigen finden Sie für Ihren sofortigen Einstieg ohne oder sehr geringen
Kosten hier:

www.plantanas.de
www.jobbieter.de
http://www.plantanas.com/hauptseite/index.php?lang=de

Franchise und Partnerschaften

Das Internet ermöglicht einen schnellen und kostengünstigen Aufbau der Selbständigkeit. Franchise-Programme, die nur über das Internet laufen, also keine Ladenmieten, Einkauf von Waren, etc. erfordern, bieten ebenso gute Möglichkeiten, Geld zu verdienen wie Partnerschaften in Form von Affiliate-Partnerprogrammen und Drop Shipping.
www.franchiseportal.de

Gute Franchise-Programme finden Sie unter:

www.franchise-net.de

Drop Shipping-Adressen:

www.franchisedirekt.com

DHgate.com (Englisch)

www.DropShipping.de

www.telstar.de/direktversand/index.htm

www.dropshipping-portal.de

Affiliate-Programme:

www.affili.net

www.de.cj.com

www.affiliate.de

www.zanox.com/de

Sie können mit minimalen Kosten und minimalem Aufwand einen guten Umsatz erzielen. Wenn Sie also den Traum haben, im Internet erfolgreich zu sein, ist dies die beste Art, Ihr Ziel zu verwirklichen.

Sie benötigen nur eine ansprechende Website, sehr guten Content und die entsprechenden Programme.

Sehr erfolgreich sind hier zum Beispiel gerade der E-Book-Verkauf, Telekommunikationsprodukte und Modeartikel. In vielen Fällen bekommen Sie selbst die komplett fertige Website gleich mitgeliefert. Dann entfällt der Großteil der Arbeit und Sie müssen lediglich für Ihre Seite werben.

Grundsätzlich gilt: Um Ihr Ziel zu verwirklichen, müssen Sie es zunächst klar definieren. Anschließend ist es hilfreich, sich Mentoren, Coachs oder Berater zu suchen, die bei der Umsetzung helfen. Es hilft sehr, sich alles schriftlich zu verinnerlichen, mit Bildern zu verfestigen und vielleicht sogar ein tragfähiges Konzept zu schreiben, um zu prüfen, ob die geplante Karriere erfolgversprechend ist. Dann erst geht es an die Feinheiten wie notwendige Fort- und Weiterbildungen, Seminare, Kurse, Finanzierungsmodelle, etc. Im Prinzip handelt es sich bei jeder erfolgreichen Karriere um mehrere Zwischenziele, die letztendlich zum großen Ziel und damit zum Erfolg führen.

Vergessen Sie aber nie:
Sobald Sie Ihr Ziel erreicht haben, sollten Sie sich möglichst bald ein neues Ziel setzen, da Sie ansonsten stagnieren und früher oder später wieder unzufrieden sein werden.

Viel Erfolg bei Ihrem Vorhaben!
KD. Witzel

Besser Leben

Titel aus dieser Serie

www.ingramcontent.com/pod-product-compliance
Lightning Source LLC
Chambersburg PA
CBHW060159290526
45789CB00003B/1086